L'IMAGERIE ANIMALE

LES ANIMAUX DE LA JUNGLE

GW00455296

Conception
Émilie BEAUMONT

Texte
Raphaëlle CHAUVELOT

Images
Franco TEMPESTA

FLEURUS

FLEURUS ÉDITIONS, 15-27, rue Moussorgski, 75018 PARIS
www.fleuruseditions.com

LES INVERTÉBRÉS

La forêt tropicale, que l'on appelle aussi jungle, est un milieu naturel extrêmement riche car la flore variée et dense offre à une multitude d'animaux refuge et nourriture. La végétation, qui se développe en fonction de la luminosité, s'organise en étages successifs et détermine le mode de vie des animaux. Les invertébrés trouvent leur place à tous les niveaux. Dans l'humidité obscure des sous-bois, vers et mille-pattes se régalent, le long des troncs grimpent les fourmis et, dans les hauteurs, les papillons se nourrissent de fruits mûrs.

Le morpho

Ce papillon géant a de magnifiques ailes bleues. Les dessins brunâtres du dessous lui permettent de se camoufler. Le mâle atteint 20 cm d'envergure. La chenille s'enroule dans une chrysalide vert jade. Le morpho se nourrit de jus de fruits mûrs.

Les feuilles récoltées par les fourmis attinées ne sont pas mangées mais réduites en bouillie. Cette bouillie est étalée en un vaste tapis sur lequel poussent des champignons qui nourrissent la colonie.

La mygale

C'est une grande araignée aux longues pattes et au corps couvert de poils épais. Elle pond dans un terrier son millier d'œufs et grimpe dans les arbres. Elle se nourrit essentiellement d'insectes. Elle enduit ses proies d'un suc digestif qui les réduit en une bouillie, qu'elle suce ensuite.

Le dynaste hercule

Le dynaste est un énorme scarabée. Il existe une nette différence entre le mâle et la femelle. Cette dernière, longue de 10 cm, a une couleur uniforme et brunâtre. Le mâle peut mesurer près de 20 cm et la fine carapace, qui protège ses ailes, est verdâtre avec des reflets gris. Durant la nuit, le dynaste se déplace en volant bruyamment. Il se nourrit de fruits.

Le dynaste hercule porte deux cornes, l'une sur la tête, l'autre sur le torse, qui forment une pince avec laquelle il peut couper une proie ou un adversaire.

Les coupeuses de feuilles

Les fourmis de l'espèce attinée vivent en colonies de plusieurs centaines de milliers d'individus. Elles sont petites mais pourtant bien visibles à tous les étages de la forêt, au sol comme à la cime des plus hauts arbres. Elles portent un morceau de feuille et défilent en longues colonnes.

Le scolopendre

C'est un long mille-pattes qui mesure jusqu'à 30 cm et possède en fait vingt-et-une paires de pattes. À la nuit tombée, il quitte son abri sous une pierre ou une écorce et part à la recherche de souris et de grenouilles. Il tue ses proies avec une paire de griffes venimeuses.

7

LES ANIMAUX TERRICOLES

Sous le couvert de l'épais feuillage des arbres, vivent les animaux dits terricoles, qui trouvent au sol leur subsistance. Dans la pénombre des forêts pluviales d'Amérique, d'Asie et d'Afrique se cachent des pachidermes à la peau épaisse et des animaux à sabots. Tous supportent sans difficulté la forte humidité et la chaleur constante de ces contrées où la température varie peu dans la journée et dans l'année. Malgré leur taille, ils parviennent à se faufiler dans la végétation dense.

L'okapi

L'okapi vit dans les profondeurs de la forêt africaine. Il a la taille d'un cheval mais appartient à la famille des girafes. Le mâle porte une paire de cornes. Il se nourrit de fruits tombés et de feuilles fraîches, qu'il attrape avec sa langue. Les rayures de sa croupe et de ses pattes servent de camouflage. Comme il est très discret et se montre peu, on a longtemps cru qu'il s'agissait d'un zèbre des forêts.

▼ *Le tapir* a l'allure d'un cochon avec un museau mobile en forme de courte trompe. Grâce à son odorat très développé, il trouve et mange les fruits tombés au sol, de tendres pousses et de jeunes feuilles. Son corps est allongé pour se glisser dans les fourrés.

▲ *Le bongo* est une antilope des forêts africaines. Il rabat en arrière ses longues cornes spiralées en forme de lyre pour se glisser dans la végétation.

Les éléphants de forêt

L'éléphant d'Asie est l'un des plus gros mammifères terrestres. Il a de petites oreilles et la femelle n'a pas de défenses. Il aime se rafraîchir dans l'eau et vit dans les forêts tropicales où la végétation n'est pas très épaisse. L'éléphant des forêts d'Afrique est plus petit que son cousin de la savane. Ses défenses s'allongent parallèlement pour lui permettre d'avancer sans gêne dans la végétation dense. Il mange des écorces, des feuilles et des fruits.

▲ Le rhinocéros de Sumatra

Ce petit rhinocéros vit solitaire et caché dans la végétation. Il broute des feuilles tendres et mange des fruits. Il se vautre dans la boue pour protéger sa peau velue des insectes. Il se reproduit peu. Un seul petit naît tous les dix-huit mois. Sa population est menacée par la destruction de son habitat et par les braconniers. On pense que sa petite taille est due à un manque de sels minéraux dans son milieu de vie.

*Aujourd'hui, **les éléphants d'Asie** sont peu nombreux à vivre à l'état sauvage.*

LES PETITS MAMMIFÈRES

Afin de passer inaperçus dans l'épaisseur des sous-bois, les petits mammifères sont de couleur sombre. Membres de différents groupes, qu'ils soient carnivores, rongeurs ou marsupiaux, ils se nourrissent de vers ou de fruits trouvés au sol, tombés d'un arbre, du bec d'un perroquet ou de la patte d'un singe. Ils se déplacent au sol mais n'hésitent pas à grimper aux arbres pour agrémenter leur repas de quelques œufs ou pour s'y dissimuler et dormir dans un creux.

L'agouti

L'agouti est un gros rongeur aux pattes fines et assez longues. Il dort la nuit dans un terrier ou dissimulé au pied d'un arbre. Le jour, il se nourrit de racines, de feuilles vertes et de fruits tombés à terre. Il court ou nage très vite. Il a de nombreux prédateurs mais se reproduit bien.

Le toupaye est un petit mammifère qui ressemble à un écureuil. Il a des pattes griffues pour grimper mais passe beaucoup de temps au sol.
Sa tête est allongée par un museau pointu sans moustache. Il localise ses proies grâce à son odorat, son ouïe et sa vue. Il fouille les arbres et les buissons pour trouver des vers, des insectes et des fruits.

L'opossum

L'opossum est un marsupial, c'est-à-dire que la femelle met bas des larves qui se frayent un chemin jusqu'à la poche ventrale. Là, accrochées à la tétine, elles se développent pendant plusieurs mois. Les portées comptent dix-huit petits mais la femelle n'a que treize mamelles. Les premiers arrivés sont les premiers servis. L'opossum vit en général au sol mais ses doigts munis de longues griffes s'agrippent à l'écorce des arbres qu'il escalade sans peine. L'opossum est omnivore et se nourrit la nuit de vers, de fruits et d'œufs.

Le coati

Le coati est un petit carnivore qui se nourrit en bandes bruyantes durant la nuit. Il trouve au sol, qu'il fouille de son museau souple, vers et souris. Il grimpe également aux arbres pour attraper oiseaux et œufs. Mais les fruits constituent son mets préféré. Il se camoufle dans les fourrés quand il se sent menacé.

Le tatou

La peau du tatou, couverte de plaques osseuses, a l'allure d'une carapace. Malgré cela, le tatou est assez agile. Il chasse des fourmis et des oiseaux et mange aussi des fruits. Il préfère vivre seul mais accepte la présence d'un autre tatou dans le réseau de galeries qu'il a creusé à l'aide de ses doigts griffus. La femelle a des portées de quatre petits.

LES GRANDS SINGES

Les multiples espèces de singes qui peuplent les forêts tropicales se partagent les différents étages. Dans les premiers niveaux, les gorilles et les chimpanzés vivent en communautés plus ou moins soudées. La toilette mutuelle renforce les liens entre les membres du groupe. Avec les orangs-outangs, ils forment une catégorie particulière de primates dits grands singes parce qu'ils ressemblent beaucoup à l'homme par leur morphologie et leur capacité à utiliser des outils.

Le bonobo, *cousin plus petit et plus velu du chimpanzé, se tient mieux debout et plus longtemps.*

Les outils du chimpanzé

On dit du chimpanzé qu'il est intelligent car il emploie des outils. Il utilise un bâton pour fouiller une termitière, il écrase un fruit dur avec une pierre et un fruit tendre avec un morceau de bois plus adapté. Non seulement le chimpanzé choisit des outils appropriés mais il sait aussi en fabriquer.

Le petit chimpanzé et sa mère

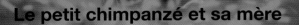

Le petit chimpanzé est très vulnérable pendant les trois premières années de sa vie. Durant cette période, il apprend les gestes de survie auprès de sa mère en jouant et en l'observant. Il est parfois confié à une femelle, comme à la crèche.

Une journée chez le gorille

Les gorilles vivent au sol parce qu'ils sont trop lourds pour grimper facilement aux arbres et évoluent en communautés composées de plusieurs individus. Ils commencent à s'activer quand la rosée du matin a disparu. Ils se déplacent pour se nourrir et, au milieu du jour après s'être rempli le ventre, les adultes s'endorment pour une longue sieste tandis que les plus jeunes jouent. Plus tard dans l'après-midi, toute la colonie repart trouver un endroit paisible où dormir ; là chacun construit son nid avec des branches, seuls les petits qui partageront la couche de leur mère se contentent d'observer pour apprendre.

Le gorille pacifique

Le gorille a un pelage noir et laineux qui blanchit au fil des ans. Il vit une trentaine d'années dans la nature. Le gorille est végétarien et malgré sa taille imposante et ses intimidations effrayantes, c'est un primate pacifique. Il se dresse sur ses pattes quand il veut impressionner, mais il se déplace à quatre pattes et s'assied dès qu'il s'arrête.

Le gorille exprime ses sentiments avec les yeux et les mimiques de sa face : le doute, la colère, la complicité. Ses grognements sont des signes d'intimidation ou de jeu.

LES FÉLINS

Les félins sont des prédateurs carnivores qui ont toutes les qualités du très bon chasseur. En effet, leurs sens sont développés, leurs réflexes quasi infaillibles, leur musculature puissante, leur agilité souple, leurs dents aiguisées, leurs griffes acérées. Leur pelage uni, tacheté ou rayé est un camouflage efficace au cœur de la jungle, où ils vivent solitaires et silencieux, sachant grimper aux arbres et nager. Il existe deux techniques de chasse qu'utilisent indifféremment la plupart des espèces : soit la recherche active d'une proie, soit l'affût qui consiste à l'attendre.

L'ocelot

Ce félin solitaire chasse la nuit. C'est un animal forestier d'Amérique du Sud et un excellent grimpeur, mais il sait adapter son mode de vie à d'autres milieux naturels comme les marais ou les prairies herbeuses d'Amérique du Nord.

Le jaguar ▼

Le jaguar vit en Amérique centrale et en Amérique du Sud à proximité des points d'eau. Il est très bon nageur, pêche de gros poissons et tue parfois des crocodiles. Il se nourrit aussi de rongeurs et de cerfs, d'oiseaux et de singes. Le jaguar ne rugit pas mais grogne ou gronde quand il se sent menacé.

La panthère noire a un pelage tacheté comme les autres panthères mais les taches sont moins visibles.

La panthère

Elle vit en Afrique et en Asie. Dans la forêt tropicale, elle se nourrit de singes et de rongeurs. Elle chasse à l'affût dans l'obscurité et bondit sur sa proie qu'elle mord au cou. Elle l'emporte dans un arbre pour la dévorer. La panthère peut ne pas manger et ne pas boire pendant plusieurs jours. Elle vit seule et marque son vaste territoire avec de fortes odeurs d'urine et des coups de griffes. Elle indique aussi sa présence par de bruyants rugissements.

◀ Le tigre

Le seigneur de la jungle est le plus grand des félins. Il chasse à l'affût, durant la nuit. D'un coup de patte il peut assommer un buffle. Il attaque de préférence les animaux faibles. Il mord les plus gros à la gorge et les étouffent, les plus petits à la nuque. Le tigre est un animal solitaire qui se reproduit au printemps. La femelle éduque seule sa portée constituée de deux à quatre petits. Pendant deux ans, elle leur apprend à lacérer la peau du gibier et à chasser, à nager et à se camoufler. Ensuite, elle les abandonne. Les petits vivent alors en meute jusqu'à l'âge adulte puis se dispersent pour se reproduire.

Le chat doré d'Afrique habite près des rivières. Les mœurs des chats sauvages des forêts tropicales sont encore assez mal connues.

La panthère longibande

Petit félin très agile, elle passe la majeure partie de son temps dans les arbres. Elle se nourrit d'écureuils, de singes et d'oiseaux et mange aussi des cerfs et des sangliers de petite taille.

LES REPTILES

Les reptiles apprécient particulièrement les forêts tropicales. Pour ces animaux à sang froid, le climat invariablement chaud maintient leur corps à une température constante. De ce fait, ils peuvent rester actifs durant la nuit. Ce sont des grimpeurs. Les pattes des lézards sont griffues. Les écailles des serpents s'accrochent à l'écorce et leur queue est préhensile. Leurs techniques de chasse et de camouflage sont très élaborées. Ils s'immobilisent et restent à l'affût. Ils attrapent une proie avec une vitesse prodigieuse.

Le caméléon

Le caméléon est un lézard solitaire. Grâce à ses yeux indépendants, il voit en même temps en haut et en bas, devant et derrière. Il est capable de changer de couleur en fonction de l'endroit où il se trouve et de se fondre ainsi dans la végétation. Il change aussi de couleur quand il est dérangé ou en danger.

L'anaconda

L'anaconda est le plus gros serpent du monde. Il atteint dix mètres de long. Il étouffe ses proies, caïman ou jaguar, et les engloutit en commençant par la tête. Il se retire ensuite dans un arbre pour digérer son repas pendant une semaine.

L'anaconda reste toujours à proximité de l'eau.

▲ Le caïman

Le caïman vit dans les eaux douces d'Amazonie. Pendant la journée, il flotte à la surface et, la nuit, il regagne la terre à la recherche d'oiseaux et de petits mammifères. Ce grand crocodile mesure environ cinq mètres de long.

Les doigts du caméléon, répartis deux par deux, enserrent facilement les branches. Le reptile grimpe lentement, mais il est prompt à saisir un insecte qui passe à sa portée avec sa longue langue couverte d'une salive collante.

Les serpents arboricoles sont plutôt longs et fins pour progresser facilement dans l'épaisse végétation. Leurs écailles s'agrippent aux moindres aspérités. Les solides vertèbres de leur squelette leur permettent de franchir de grands intervalles entre les branches. Ils ont une queue puissamment musclée qui s'enroule autour des branches.

Le boa émeraude

Il se suspend à une branche autour de laquelle il enroule sa longue queue. Il guette sa victime en l'attendant parfois pendant des heures. Plus la proie est importante, plus la digestion est longue. Elle peut durer plusieurs jours. Le jeune boa émeraude est rouge. Il prend sa couleur verte d'adulte à l'âge de deux ans.

L'iguane vert

Grâce à sa couleur verte, il se cache facilement dans la végétation. Ce gros lézard de plus d'un mètre se défend à grands coups de queue et grimpe facilement aux arbres à l'aide de ses doigts griffus. Le mâle se distingue de la femelle par une crête, qu'il porte sous la gorge.

LES GRENOUILLES

Les grenouilles, qui recherchent généralement l'humidité, sont nombreuses à vivre dans les forêts tropicales. Alors que certaines s'habillent de couleurs ternes pour mieux se dissimuler dans la jungle, d'autres arborent de vives couleurs. Mais elles ne sont pas sans défense et les prédateurs le savent. En effet, cette parure est un avertissement car leur peau est empoisonnée. Le venin provoque de cuisantes douleurs et peut même entraîner la mort. La plupart de ces grenouilles ont un mode de vie arboricole. Elles descendent au sol pour se reproduire.

La grenouille singe

Elle grimpe le long des lianes et reste accrochée toute la journée. Ses pouces sont terminés par une peau adhésive. La femelle dépose ses œufs sur une feuille à la surface de l'eau.

Les rainettes

Les rainettes constituent une grande famille répandue dans le monde. La plupart des espèces habitent les forêts tropicales. Elles ont un mode de vie arboricole, c'est-à-dire qu'elles passent la majeure partie de leur temps dans les arbres. Pour mieux grimper, elles ont des coussinets adhésifs au bout des doigts.

La rainette aux yeux rouges

Dans la journée, pour passer inaperçue et dormir tranquillement, cette rainette cache ses flancs colorés avec ses pattes. La femelle pond ses œufs par grappes dans une feuille surplombant un étang. Quelques jours plus tard, lorsque les œufs éclosent, les têtards tombent dans l'étang.

Les dendrobates

Cette catégorie de grenouilles regroupent de nombreuses espèces. Chacune d'elles présente des dessins particuliers. Certaines grenouilles non venimeuses les imitent pour effrayer les gourmands ! Mâle et femelle quittent les arbres uniquement pour se reproduire. Le mâle attend que le œufs éclosent, puis il embarque les têtards sur son dos et les déposent dans des eaux calmes.

Le dendrobate tinctorius vit en Amérique du Sud, souvent en petit groupe.

La grenouille fraise est un dendrobate pumilio d'Amérique centrale. Son venin est mortel.

Ce dendrobate pumilio vit dans les îles d'Amérique centrale.

La rainette africaine

Pour la reproduction, les rainettes africaines se regroupent et, en communauté, elles construisent un nid d'écume dans le branchage au-dessus de l'eau. À l'intérieur, dans l'humidité et la chaleur, les œufs se développent bien à l'abri. Ensuite a lieu l'éclosion et les têtards tombent dans l'eau. Pour fabriquer le nid d'écume, les femelles sécrètent une substance gélatineuse, que les mâles agitent en remuant les jambes et transforment en mousse.

LES ANIMAUX ARBORICOLES

Ils vivent exclusivement dans les arbres, où ils trouvent leur subsistance. Ils ne descendent jamais au sol pour passer d'arbre en arbre. Le mode de vie de ces animaux arboricoles est dangereux, car toute chute risque d'être mortelle. Mais certaines particularités physiques leur permettent de se mouvoir sans danger : des griffes qui agrippent l'écorce des arbres, une queue préhensile qui sert de main, des bras longs et musclés qui supportent le poids du corps.

Le singe-araignée

Le singe-araignée laineux est le plus grand singe d'Amérique. Il mesure une soixantaine de centimètres. Il avance grâce à ses bras, à ses doigts crochus et à sa puissante queue musclée. Il se nourrit uniquement de feuilles.

Quand la femelle se déplace, elle emporte son petit, qui s'accroche à son ventre.

◀ Le tarsier

C'est un singe primitif de la taille d'un rat avec une queue plus longue que son corps. Grâce à des griffes pointues et des doigts terminés par des coussinets, il grimpe très facilement dans les arbres. Il saute remarquablement bien. Ses grands yeux ronds lui permettent de distinguer ses proies dans la nuit. Après s'être approché sans bruit, il bondit dessus. Il se nourrit d'insectes et de petits animaux.

Le paresseux

Le paresseux appartient à la famille des édentés. Il avance peu et lentement pour économiser son énergie. La température de son corps chute pendant la nuit. Le jour, il grimpe en haut des arbres pour se réchauffer aux rayons du soleil. Il se suspend aux branches à la force de ses bras terminés par des doigts aux longues griffes. Il se nourrit de feuilles et de bourgeons. Au sol, ses pattes le portent à peine et il est extrêmement vulnérable.

L'orang-outang ▼

C'est un grand singe aux très longs bras, qui vit dans la jungle asiatique. Il se nourrit de fruits et bâtit son nid dans les branches.

L'orang-outang mâle pèse jusqu'à 100 kg. Il est beaucoup plus gros que la femelle et porte des réserves de graisse dans ses bajoues. La femelle allaite son petit pendant cinq ans.

◄ Le hurleur roux

Il fait entendre son cri à 2 km pour signaler un danger ou un intrus. Sa queue préhensile et nue à l'extrémité interne s'accroche fortement aux branches et supporte le poids de son corps. Ce singe très agile récolte beaucoup de fruits et de feuilles pour se nourrir. Il dort beaucoup.

LES PLANEURS

Parmi les animaux arboricoles, c'est-à-dire qui passent la majorité de leur vie dans les hauteurs des arbres et sautent de branche en branche, certaines espèces ont développé des sortes d'ailes.
Ce ne sont pas des oiseaux, mais des reptiles, des mammifères ou des amphibiens. Ils ne savent pas voler, mais ils planent grâce à une membrane de peau tendue généralement entre leurs membres, qu'ils déploient quand ils sautent et qui leur sert de parachute.
De cette façon, l'atterrissage est plus souple et la distance parcourue plus longue.

Le galéopithèque de Malaisie

Ce mammifère a un patagium. C'est une sorte d'aile de peau qui relie le museau aux pattes et les pattes à la queue. Son pelage gris tacheté se confond avec la couleur des hautes branches où il vit. Il se nourrit de jeunes pousses et de la sève de certaines plantes. La femelle porte son petit, accroché à son ventre et protégé par le patagium.

La grenouille volante vit à Bornéo, en Asie. En écartant ses doigts palmés quand elle saute, elle peut planer sur une quinzaine de mètres.

Le gecko volant ▶

C'est un lézard de 20 cm qui habite le Sud-Est asiatique. Pendant le jour, il se repose en restant immobile, la tête en bas, toujours prêt à fuir. Sa couleur brune lui sert de camouflage. Il se nourrit la nuit, essentiellement d'insectes. Ses pattes palmées, les replis de peau de son ventre et la frange de sa queue lui permettent de planer et de ralentir sa chute.

▲ Le pétauriste

C'est ainsi que l'on appelle le grand écureuil volant, qui mesure 40 cm. Une large membrane de peau fine relie ses pattes avant et arrière. Quand il saute, surtout pour échapper à ses prédateurs, il écarte ses pattes et effectue un vol plané pouvant atteindre 400 m. Il est même capable de changer de direction en plein vol. Il vit surtout la nuit et se nourrit de graines, de fruits et de feuilles.

Le dragon volant ▶

C'est un lézard de 20 cm présent dans le Sud-Est de l'Asie. Il vit sur les troncs d'arbres et saute de l'un à l'autre à la recherche de fourmis et pour échapper aux serpents et aux oiseaux. Il écarte ses côtes pour déployer une membrane de peau, qui lui permet de planer sur une soixantaine de mètres, et les replie quand il se pose. La femelle descend à terre pondre une dizaine d'œufs qu'elle enterre dans le sol.

LES OISEAUX DE LA CANOPÉE

La canopée est une voûte de feuillage à vingt-cinq ou quarante mètres au-dessus du sol, formée par les branches toujours vertes des grands arbres. Elle filtre la lumière et garde la chaleur et l'humidité. À cette hauteur, les arbres couverts de fruits abritent une multitude d'oiseaux, qui s'en nourrissent. Perroquets, toucans, petits colibris ou paradisiers : tous les oiseaux de la canopée participent à la dissémination des graines en déchiquetant les fruits et en butinant les fleurs.

Les toucans

Les toucans ont un bec proéminent mais léger et fragile, car entre les os qui le constituent il y a de petites poches d'air. Les toucans se nourrissent de fruits qu'ils cherchent dès l'aube. Quand vient la nuit, de leur vol puissant, ils regagnent les arbres qui servent de dortoir à la colonie.

Le quetzal est un oiseau d'Amérique centrale. Il mesure 40 cm de long. Il se nourrit de fruits et d'insectes, qu'il attrape en volant de branche en branche. Pour passer inaperçu, il peut rester immobile pendant de longues minutes. Le mâle a un plumage magnifique aux couleurs vives.

Les colibris

Les colibris vivent sur le continent américain. Ils volent en faisant du surplace et butinent sans se poser. Ce battement d'ailes extrêmement rapide nécessite beaucoup d'énergie qu'ils trouvent en mangeant sans cesse.

Pour économiser son énergie quand il dort, le colibri ralentit les fonctions de son organisme et se trouve dans un état proche de la mort.

Plongeant son bec dans les fleurs, le colibri récupère le nectar avec sa langue.

Les aras

Les aras vivent en Amérique du Sud.
Ce sont de grands perroquets avec
une longue queue. Leurs ailes larges
et courtes leur permettent de voler vite
à travers les branchages serrés et
le feuillage épais. Leurs doigts opposés
leur assurent une bonne prise pour
grimper aux arbres. Leur bec crochu
peut servir de troisième membre.
Les aras se nourrissent de fruits mûrs
à la chair tendre. Si la cosse est dure,
ils utilisent alors leur bec crochu
pour ouvrir le fruit.

▲ Les paradisiers

La majorité des paradisiers vivent en colonies dans les forêts
tropicales de Nouvelle-Guinée. Les mâles ont généralement
un plumage coloré et entreprennent des parades nuptiales
magnifiques. Ils se regroupent dans une arène et entament
des danses en poussant des cris puissants.

À LA CIME DES ARBRES

Les très hauts arbres de la jungle qui s'élancent vers le ciel et dépassent de plusieurs mètres le feuillage dense de la canopée sont dits émergents. C'est dans leurs branches que vivent de grands oiseaux, surtout des rapaces. Malgré les vents qui soufflent fort, ils survolent sans peine la forêt et supportent les importants écarts de température et d'humidité. Ils guettent les animaux de l'étage inférieur, qui constituent leur repas, et volent avec agilité à travers la végétation pour les attraper.

Le vautour pape

Il est le « seigneur de l'Amazonie » en Amérique du Sud. Il survole la forêt tropicale tout en guettant les autres vautours. Quand ces derniers ont trouvé de quoi manger et décrivent des cercles, le vautour pape les chasse et s'accapare le butin. Il se nourrit de charognes, d'oiseaux ou de petits félins ainsi que de reptiles et de chauves-souris. Le vautour pape a une tête colorée. Les nuances de couleurs indiquent l'âge de l'individu.

Grâce à son long bec, le calao se saisit des fruits et les fait glisser dans son gosier. Cet oiseau a un rôle très important dans la nature car ses fientes servent d'engrais à certaines graines qui s'y développent.

◄ Le calao

La femelle installe son nid dans un arbre creux et en obstrue l'ouverture avec de la terre et des fientes. Bien à l'abri des singes et des serpents, elle pond et couve ses œufs. Le mâle la nourrit par une fente aménagée dans la fermeture. Quand les œufs éclosent, la femelle sort du nid et rebouche derrière elle puis s'active avec le mâle afin de nourrir les petits. Quand ces derniers sont assez puissants, ils détruisent à leur tour la fermeture et partent à l'aventure.

Le spizaète huppé

Les aigles spizaètes habitent les forêts tropicales. Ils portent sur la tête une huppe de plumes plus ou moins longues suivant les espèces. Le plus grand des spizaètes asiatiques est le spizaète huppé. Son excellente vue lui permet de repérer des animaux dans les profondeurs de la végétation.

▼ La harpie féroce

Ce puissant aigle d'Amérique du Sud a une envergure de deux mètres. La femelle est légèrement plus grande que le mâle. Le couple, qui reste fidèle, construit son nid à la cime d'un arbre à cinquante mètres de haut et l'entretient d'année en année. La femelle pond et couve deux œufs. À l'éclosion du premier elle abandonne l'autre. La harpie quitte les hauteurs des arbres pour se nourrir et arrache un singe ou un paresseux des branches de la canopée. Parfois elle plonge dans le feuillage pour attraper un serpent ou un petit rongeur.

L'aigle des singes ▶

Cet oiseau rare est un rapace imposant, qui peut mesurer jusqu'à un mètre. Il porte des plumes hérissées sur la tête. Mâle et femelle sont semblables, cependant la femelle est plus grande. L'aigle des singes vit dans les forêts des Philippines en Asie et chasse durant la journée. C'est un prédateur de singes et d'autres oiseaux. Il tue ses proies instantanément d'un coup de son puissant bec. Le couple est uni pour la vie. Il construit un vaste nid en haut d'un arbre élevé, qu'il utilise durant quelques années. Il donne naissance à un petit tous les deux ans. La population de ce rapace diurne est menacée par le déboisement et par la chasse.

TABLE DES MATIÈRES

MDS : 660076
ISBN : 978-2-215-08063-3
© Groupe FLEURUS, 2004
Conforme à la loi n°49-956 du 16 juillet 1949
sur les publications destinées à la jeunesse.
Dépôt légal à la date de parution.
Imprimé en Italie (05-11)